Edgar Yungán

El Posicionamiento de la Mujer en la ¿oikia eklesia?

Edgar Yungán

El Posicionamiento de la Mujer en la ¿oikia eklesia?

La mujer cristiana y su posicionamiento posible por la realidad de la oikia eklesia

CREDO EDICIONES

Imprint

Cover image: www.ingimage.com

Publisher:
CREDO EDICIONES
is a trademark of
International Book Market Service Ltd., member of OmniScriptum Publishing Group
17 Meldrum Street, Beau Bassin 71504, Mauritius

Printed at: see last page
ISBN: 978-613-3-93947-9

Biografía del autor

Edgar Yungán Pomaquero nació en Ecuador en 1973. Se graduó en Biblia en la EQEB Internacional. Recibió su licenciatura en estudios bíblicos y teológicos del Instituto Bíblico Internacional SUNSET de Texas, EE.UU. También se graduó como licenciado en Teología Pastoral en el Seminario Sudamericano SEMISUD, Quito-Ecuador. Es Máster en Estudios Bíblicos y Teológicos de LEE UNIVERSITY/SEMISUD, Cleveland- Tennessee EE.UU. Actualmente cursa la Maestría en Teología Práctica en RIB, de Texas, también es evangelista de la iglesia de Cristo, y es profesor de Teología a tiempo completo y Decano académico en la Escuela Quiteña de Estudios Bíblicos en Ecuador desde 2003 hasta el presente.

Está casado con Verónica y tienen cuatro hijos: Jonathan, Josías, Daira y Danelly.

EL POSICIONAMIENTO DE LA MUJER EN LA ¿OIKIA EKLESIA?

En la presente obra, se aborda el tema de la posición de la mujer en la oikia eklesia en el siglo I desde una perspectiva histórica bíblica, constituyendo un protagonismo determinante en la unidad familiar, eclesial, y social. Este artículo, sostiene que el posicionamiento de la mujer en el contexto del siglo I sí fue posible, pero gracias a la realidad de la oikia eklesia más no de la polis; examinando el vínculo de influencia y desarrollo en las variables de: iglesia, ciudad-sociedad, casa y mujer. Para ello, se considera las categorías tales como se encuentran en los escritos extra bíblicos, el Nuevo Testamento, y se muestra un estudio hermenéutico de Romanos 16.1-3,6-7,12 con el propósito de enriquecer de una forma más específica el tema de la posición de la mujer.

INTRODUCCION

La comedia de Aristófanes "Ekklesiasuzai", según Just[1], deja ver las prohibiciones que pesaban sobre la mujer en los espacios públicos de la polis (sociedad, ciudad), pero a la vez muestra ese deseo de posicionamiento femenino, anhelado pero reprimido. El presente artículo trata de la mujer cristiana y su posicionamiento posible por la realidad de la oikia eklesia, más no por los espacios públicos de la polis.

Lo anterior nos mueve a revisar en el Nuevo Testamento (NT) el vínculo de influencia y desarrollo de cuatro variables: "ekklesía" (iglesia), "polis" (ciudad, sociedad), "oikía" (casa, familia) y "gyné" (mujer), y con ello observar cómo la mujer se desarrolló ministerialmente en la iglesia cristiana del primer siglo.

Se piensa anticipadamente a la luz de varias lecturas previas, que la ekklesía por definición, como asambleas o reunión según el NT, estaba vinculada por una parte con las asambleas de la ciudad o polis, y por otra, por su función, y muy significativamente con las reuniones de creyentes en casas (oikous)[2] para vivir así la fe de Jesucristo. Según haya sido el vínculo de la "ekklesía", en este caso la ekklesía cristiana con una de estas dos entidades o instituciones socio-culturales, si con la polis o con la oikía, se produjo el desarrollo de sus miembros, en este caso de puntual interés, el ministerio de la mujer (gyné).

Para enfrentar dicha exploración se seguirá una investigación bibliográfica de lecturas especializadas en la temática, en especial de la iglesia en la casa y su relación con la mujer en el NT. Sintetizamos lo expresado por José María González Ruiz[3], de su libro "El evangelio de Pablo", y que constituye la médula esencial de la presente investigación, al

---

[1] Solo Just, *La comedia de Aristófanes*. Editorial Cátedra, España. 1991
[2] Casas en plural, Tito 1:11.
[3] José María González Ruiz. *El Evangelio de Pablo*. Editorial Marova. 1977. Pág. 40

mencionar que cuando Pablo llega a Macedonia su estrategia evangelizadora cambia, ya no se enfoca en el hombre de la polis sino, que busca al hombre de la oikía (οἰκία = casa); su estrategia que hasta ese momento había seguido el mismo énfasis de Jesús, de orientarse hacia las personas de la ciudad, cuando entra a Europa cambia; ahora busca la casa como centro de su actividad evangelizadora. Desde ahora la casa será el lugar de la iglesia, donde se viva la presencia del Espíritu. De hecho, una palabra muy antigua, "parroquia", guarda esta verdad, ya que está compuesta de "παρά, pará" (junto) y "οἰκία oikía" (casa), implicando con ello a las personas que vivían junto a la casa del obispo o presbítero, y los de "junto" se reunían en la "casa" del obispo como iglesia o asamblea.

De esta intuición de González Ruiz, se genera el interés de estudiar la relación antes dicha, entre ekklesía, polis, oikía y todo esto para explorar cómo dicha relación afectó positiva o negativamente el posicionamiento de la mujer en su ministerio cristiano en la iglesia del primer siglo.

Para dar mayor luz a la investigación, se seguirá también de manera especial dos obras estrechamente vinculadas en su temática, pero con una sutil y significativa diferencia que ilumina, cada una desde su propia óptica, el tema de interés sobre el protagonismo de la mujer en la iglesia-oikía y no en la iglesia-polis. Se trata de la obra de Rafael Aguirre, especialista en Biblia y Ciencias Sociales de la Universidad de Deusto, España, que en su libro "Del Movimiento de Jesús a la Iglesia Cristiana"[4] propone que la iglesia del primer siglo se desarrolló por las casas como una estrategia paulina de aprovechamiento de la casa como institución social preponderante en el Imperio Romano, la cual sirvió para el avance y extensión de la iglesia. Sin embargo, Aguirre al vincular la iglesia a la casa como institución social romana, ratifica la estructura patriarcal

---

[4] Rafael Aguirre. *Del Movimiento de Jesús a la iglesia cristiana*. Ensayo de exégesis sociológica del cristianismo primitivo. Editorial Verbo Divino. 2009

dominante de la época, más bien como un stutu quo al cual la iglesia se adaptó para lograr su supervivencia y extensión en el Imperio. Para ello acude a datos sociales, antropológicos e históricos muy importantes.

Algo diferente, aunque muy de cerca a la propuesta de Aguirre, se presenta en la obra de Galo Narváez, "Pastoral de la Iglesia en Casa"[5], como una aproximación bíblico-teológica a las iglesias en casa en las cartas paulina. Dicho autor, propone que la iglesia apostólica del NT, se estableció en las casas intencionalmente, no por motivos de persecución sino de prosecución del proyecto de Jesús. Es decir, con un abordaje bíblico-teológico que deviene desde las comensalías de Jesús en Lucas-Hechos. El autor explora en la Biblia que la iglesia en las casas era estrategia apostólica para continuar con el proyecto de la βασιλέα τοῦ Θεοῦ en la predicación de Jesús, en solidaridad (koinonía), diaconía y apostolicidad (capacidad misionera), que por supuesto favoreció a sectores vulnerables de la sociedad de aquel entonces, tales como las mujeres, los esclavos y los niños.

Finalmente, hay que indicar que el análisis de los textos bíblicos, cuando fuere necesario, se acudirá al clásico método histórico-gramatical para los textos alusivos y todo ello estará iluminados por datos históricos y socio-culturales.

Este trabajo investigativo, inspirado en la paradoja de la "Ekklesiasuzai" de Aristófanes, - que por una parte quiere mostrar el protagonismo de la mujer en la polis, y por otra dejar ver las serias limitaciones que la sociedad greco-romana imponía a la mujer al punto de llevar a la sátira cualquier deseo o intento de posicionamiento - se propone desarrollar los siguientes puntos:

---

[5] Narváez, Galo, *Pastoral de la Iglesia en Casa*, publicado por Sociedades Bíblicas en el Ecuador. Narváez es Doctor en Teología por la Universidad Martin Luther King Jr., en Nicaragua.

1) Definiciones de ekklesía, polis, oikía y gyné.

2) La ekklesía de la polis.

3) La ekklesía en la oikía

4) Las limitaciones a la mujer en la ekklesía de polis greco-romana.

5) El desarrollo de la mujer en la ekklesía-oikía

6) El caso de la iglesia en Roma.

7) Conclusiones teológicas pastorales.

De esta manera se cree posible una nueva aproximación a los textos bíblicos pertinentes para descubrir en ellos, si la "ekklesíasuzai", la iglesia de las mujeres, ha dejado de ser una sátira en el NT para convertirse en una realidad a favor del ministerio de la mujer, precisamente porque las ekklesías estaban en las oikias, donde la mujer es ama y señora.

DEFINICION DE EKKLESIA, POLIS, OIKÍA, GYNÉ

Es menester aproximarse a una definición de los siguientes términos: ekklesía, polis, oikía, gyné:

a) Ekklesía

La palabra neotestamentario para identificar a las comunidades cristianas, es la palabra griega "ekklesia"[6]. Su traducción varía: comunidad, asamblea comunitaria, iglesia. En el contexto de la historia social describe a la ekklesia como entidad social, en la que se reunían ciertas personas que mantenían relaciones comunitarias incluso más allá de lo efectivo[7]. Es por eso que el uso neotestamentario del término contiene dos aspectos: reunión y comunidad.

El término ekklesia es prepaulino. El término es usado en conexión con el genitivo "de Dios" o "de Cristo": ekklesia de Dios, o de Cristo[8]. Estas conexiones fueron reconducidas a los términos veterotestamentarias qehal Elohim y qehal JHWH, o a la expresión qehal el usada en los escritos de Qumran[9]. Sobre este fundamento, se deduce la pretensión del cristianismo de entender como el "verdadero" pueblo de Dios en contraposición a Israel. Ligada a ésta acepción semántica, se encuentra la delimitación del particular uso neotestamentario con respecto al uso general, en donde ekklesia designa, la asamblea política de los ciudadanos que tienen derecho de voto (sólo los hombres) en la ciudad. Por tal razón, es significativo el análisis semántico, no tanto en las conexiones con el

---

[6] La ekklesia o ecclesia, era la principal asamblea de la democracia de la Grecia clásica. Establecido en 594 a.C., tenían un carácter popular, abierta a los ciudadanos varones del servicio militar. https.wikipedia.org

[7] E. W. Stegemann, W. Stegemann. *Historia social del cristianismo primitivo*. Verbo Divino. Navarra 2001, pág. 355

[8] Como es utilizado en Rom. 16.16; 1 Cort. 1.2; 4.17; Gál. 1.13; Flp. 3.6; 1 Ts. 2.14; Film.2

[9] Stegemann. *Historia social del cristianismo primitivo*. pág. 356

genitivo, sino en el uso del término. De esa manera, en el uso extrabíblico del término por parte de escritores paganos o judíos, como en su uso bíblico, al término ekklesia (hebreo qahal) se le da el sentido de "reunirse". Entonces, ekklesia, es por consecuente una reunión. Eso significa, que el significado fundamental del término, es el que se encierra la idea de "reunión". Así también, de manera explícita la reunión de creyentes en Cristo como ekklesia de Dios/de Cristo, pueden ser explicados a partir de la tradición veterotestamentaria, donde se conjetura, de manera equivalente la existencia de reuniones (qahal/ekklesia) para escuchar la palabra de Dios. De todos modos, la información sobre las comunidades de Dios/Cristo articularon que tenían un origen divino[10]. Entonces, el término pudo emplearse sobre todo en el contexto cultural judío como en el griego en su sentido de una reunión.

Así también, el uso del término en el ambiente del Nuevo Testamento, a más del aspecto peculiar de asamblea efectiva de los creyentes, también se presenta un aspecto constitutivo. De algunos textos se deriva que la ekklesia se entiende como grupo o comunidad. Esto es evidente, en el contexto de la persecución de la ekklesia[11]. El término también puede mencionarse a personas o a un grupo de personas, con independencia de que estén reunidas o no. Como menciona Stegemann: "a esta semántica corresponde la designación santos elegidos, o a una comunidad de creyentes como comunidad doméstica o familia"[12].

Con el término ekklesia en el contexto neotestamentario, se unen dos aspectos fundamentales en cuanto a su carácter organizativo:

1) la ekklesia de los creyentes en Cristo es una asamblea donde sus miembros se reúnen,

---

[10] Stegemann. *Historia social del cristianismo primitivo*. pág. 357

[11] Esto se puede corroborar con los textos de Hechos 8.1; 9.31; 11.22; 1 Cort. 11.16; Gál. 1.13; 1 Tm. 3.5

[12] Stegemann. *Historia social del cristianismo primitivo*. pág. 358

2) es una comunidad donde cuyos miembros están en unidad en recíprocas interacciones sociales que puede ser más allá de las reuniones efectivas[13].

En este aspecto, es esencial detallar dos factores socio-históricos[14] esenciales de las comunidades creyentes como es: su difusión en el contexto medio urbano y las ilimitadas relaciones sociales de sus integrantes. Las comunidades cristianas se establecieron en medios urbanos del Imperio romano, y estaban estructuradas por judíos y paganos, y concretaron en relaciones religiosas y sociales ilimitadas en especial en la comensalidad, de miembros judíos y los que no lo eran.

b) Polis

Polis, según la Real academia española[15], viene del griego, en la que hace referencia a los "estados" de la antigua Grecia, mismas que eran organizados como una ciudad, era la comunidad política en la cual se administraba con autonomía propia. Estaba establecida por una agrupación urbana y territorio circundante. Así también, Rafael Aguirre en su obra "Ensayo sobre los orígenes del cristianismo"[16] enfatiza que la polis, estaba vinculada a lo político, es decir el del ágora y la vida con respecto a sus relaciones sociales. Esto haciendo un contraste entre el doméstico, el de la casa/oikos, es decir sus relaciones profundas en el contexto del hogar y las familias. Tanto la polis y el oikos no estaban separadas, sino que estaban empotradas en lo político y lo doméstico desde sus inicios.

---

[13]Según Stegemann, el término synagoge (sinagoga) puede referirse tanto la "reunión" como "comunidad", así como en el NT el "edificio" en donde se celebra la reunión. Cabe mencionar en el uso lingüístico extraneotestamentario de la diáspora el griego puede referirse a la sinagoga como edificio "proseuché (lugar de la oración).

[14] Stegemann. *Historia social del cristianismo primitivo*. 2001

[15] Consultado de https://definicion.de/polis/, visitada el 2 diciembre del 2018

[16] Aguirre. *Ensayo sobre el cristianismo*. Editorial Verbo Divino. Pamplona, España 2001

c) Oikía

Respecto al término “casa”, según Rafael Aguirre: “es un concepto polisémico, que designa tanto al lugar o espacio como un grupo humano que con él se identifica”[17]. De la definición dada, se puede concebir como un lugar físico: “mi casa”, refiriéndose al lugar construido o específicamente al lugar donde se desarrolla la vida. Es evidente, que casa también apunta al grupo humano, a la familia, así como a su parentesco: “los de mi casa”.

Para “evitar anacronismos”[18] hay que distinguir entre las características de la casa en la antigüedad del Nuevo Testamento y de su significación actuales, sin perder su esencia. Según Goetzmann, el concepto casa implica “la convivencia humana en un lugar permanente, protegido, o una comunidad duradera, que crece orgánicamente, o que se ha formado por organización”[19]. En otras palabras, constituye la característica esencial de la misma existencia humana. La casa es vista como grupo humano familiar actual reducida, en comparación con la familia patriarcal del primer siglo. Tanto el material y el modelo han cambiado, sin perder las características fundamentales de la existencia humana. De allí, que gramaticalmente en el concepto “casa” en el Nuevo Testamento, con algunas salvedades, se puede seguir descubriendo factores que enriquezcan la comprensión bíblico-teológico de la iglesia en casa, como un principio que trasciende los tiempos y las respectivas distancias geográficas.

En el griego “casa” es oikos y también oikía. Dichas palabras en la LXX traducen del hebreo bayit que habla de edificio o habitación, pero también

---

[17] Rafael Aguirre. *Del Movimiento de Jesús a la iglesia cristiana*. Ensayo de exégesis sociológica del cristianismo primitivo. Editorial Verbo Divino. España 2009. pág. 84

[18] Aguirre. *Del Movimiento de Jesús a la iglesia cristiana*. 2009.

[19] Jurgen Goetzmann. *Diccionario Teológico del Nuevo Testamento*, Tomo I, Lothar Coenen, Erich Beyreuther. Salamanca, Ediciones Sígueme 1998, pág. 233

puede incluir a la familia del padre, a los parientes, y todo lo que comprende la casa, incluidos esclavos y ganados[20].

Originalmente se distinguió entre ambos términos oikos y oikia. Oikia indicaba más la vivienda. Oikos especificaba la casa, el solar, las posesiones de la familia y los que vivían allí[21]. Vale mencionar que la diferencia desaparece en la LXX, llegando a concretarse como términos intercambiables. Rafael Aguirre confirma este criterio pues es su creencia que "en el Nuevo Testamento existe cierta preferencia en elegir oikos para designar el grupo familiar, y oikia para referirse al lugar de habitación, es decir las dos palabras se usan para el mismo sentido[22]. Solamente el análisis de su contexto, nos sigue sosteniendo Aguirre, puede definir el sentido en el que se está usando cada palabra.

d) Gyné

La palabra original: γυνή, αικός, ἡ[23] es un sustantivo femenino, significando "mujer o la mujer" (Reina Valera). Tiene como definición: "mujer, casadas, la mujer. Como es notorio, en el primer siglo hubo una evidente presencia del androcentrismo en todos los aspectos conocidos. Pero no así en el movimiento de Jesús, donde la mujer si tuvo presencia. Porque el cristianismo da una perspectiva diferente de la mujer, debido a la superación del patriarcalismo en el Reino de Dios.

LA EKKLESIA DE LA POLIS

La palabra ekklesía, que significa: "asamblea", o "convocatoria" fue predominante en las epístolas paulinas. 46 veces sobre 114 en todo el Nuevo Testamento. Según la perspectiva de Fabris[24], el contexto heleno

---

[20] Aguirre. *Del Movimiento de Jesús a la iglesia cristiana.* 2009.
[21] Aguirre. *Del Movimiento de Jesús a la iglesia cristiana.* 2009.
[22] Aguirre. *Del Movimiento de Jesús a la iglesia cristiana.* 2009.
[23] Strong, Concordancia de palabras griegas. p. 145
[24] Rinaldo Fabris. *Para leer a San Pablo.* Editorial San Pablo. 2006

profano del término "ekklesia" se refería a la asamblea plenaria de los habitantes de la polis, mismos que tienen capacidad jurídica para interesarse respecto de la problemática en la vida social y pública de la ciudad.

LA EKKLESIA EN LA OIKÍA

Aquí vale mencionar el aporte de Narváez[25] en la exploración bíblica para indicar que la iglesia del primer siglo estaba intencional y completamente en las casas. El apóstol Pablo de manera explícita hace énfasis a "la iglesia en casa"; con toda claridad la nombra "la iglesia en las casas" (Flm. 1.1-3; Rom. 16.5; 1 Cort. 16.19; Col. 4.15).

Por ejemplo, en 1 Corintios 1.1-2: "Pablo…a la iglesia de Dios que está en Corinto". Como es evidente "la iglesia de Dios" refleja la dimensión universal. Así también "…que está en Corinto" manifiesta la expresión local de la iglesia (16.19).

LAS LIMITACIONES A LA MUJER EN LA EKKLESIA DE LA POLIS GRECO-ROMANA

La distinción entre las esferas especificadas, vida pública de la polis, y casa, ofrece un marco estructural que permite distinguir desde la perspectiva psicológica, cultural, social y económica, los lugares propios de los hombres y de las mujeres en las antiguas sociedades[26]. Pero, no debería tomarse como sic et simpliciter ésta distinción, con los conceptos modernos de "público" y "privado"[27]. Es decir, por un lado, manifiesta Stegemann que las mujeres no estaban excluidas por completo de la vida pública, ni tampoco de la vida política de la polis, así también, la casa, como

[25] Galo Narváez. *Pastoral de las iglesias en Casa.* Sociedades Bíblicas 2006
[26] Stegemann. *Historia social del cristianismo primitivo.* pág. 493
[27] Así razona Wagner-Hasel 1989

fundamento de vida, tenía un significado político, y no era un puro contexto privado separado de la vida pública y sin influencia de la misma.

Pero, respecto a la distinción de las esferas ya mencionadas, existía dicha exclusión de las mujeres en la dirección de los espacios públicos, ya sea: senadores, jueces, decuriones, y también de las funciones subordinadas[28]. Ni siquiera participaba de las asambleas populares. En efecto en dichos espacios, ni siquiera podía tener ni tener voto ni tomar la palabra[29]. No hay pruebas de la prohibición que las mujeres griegas participaran en sus reuniones públicas. Aunque Just infiere una prohibición semejante en la comedia de Aristófanes Ekklesiazusai (la asamblea de las mujeres). De ahí se desprende, que las mujeres se informaban de las decisiones de la asamblea popular, por medio de sus esposos cuando volvían a casa.

Así también, la literatura antigua comenta, quizás de manera exagerada la influencia política de las mujeres. Especialmente las mujeres procedentes de familias élites. Al parecer dicha intromisión de las mujeres[30] de la élite en el campo masculino de la política fue lo que determinó la áspera crítica de su estilo de vida en los otros espacios. Algunas mujeres se convirtieron en ejemplos negativos de mujeres "masculinos" a causa de dicha intromisión en los espacios políticos. Un ejemplo es Fulvia, una de las mujeres de Marco Antonio, de la que se manifestaba que su cuerpo era lo único que había en ella de femenino[31]. También se atribuye una tremenda injerencia de las madres sobre sus hijos que estaban involucrados en el campo político. Aquí se puede mencionar a Servilla, madre de Bruto, el asesino de César[32]. Al leer los anales de

[28] Codificación jurídica posterior en los digesti. Shuller 1987
[29] Solo Just, 1991
[30] Stegemann. *Historia social del cristianismo primitivo*. 2001
[31] Al respecto, Pomeroy, 1985 pág. 283-285
[32] Stegemann. *Historia social del cristianismo primitivo*. Verbo Divino. 2001

Tácito se tiene la impresión de que fueron las mujeres de los emperadores y de libertos influyentes, quienes eran las verdaderas soberanas del imperio romano en la corte de aquel entonces[33].

Los estudios históricos sobre la mujer en el mundo grecorromano han puesto de relevancia la injerencia que varias mujeres tuvieron en los círculos sociales, así como en la vida pública; Aunque sin duda siempre se les negaba los derechos políticos, o sea el hecho de ser ciudadanas de pleno derecho. Como enfatiza Estévez "atrás quedaron esas imágenes que solo la representaban en sus casas y dedicadas solo a sus familias". Es importante que en la profundización de las fuentes literarias y arqueológicas se ha dado un giro de la imagen pasiva de aquella época sobre las mujeres.

También en cuanto al reconocimiento social, según los testimonios epigráficos y arqueológicos se muestra que muchas mujeres de Asia Menor salieron de los espacios domésticos para integrarse de manera activa en los sistemas de patronazgo y evergetismo. Como manifiesta Estévez: "obteniendo influencia, honores y favores, lo mismo que los varones[34].
En Asia Menor, por ejemplo, hay testimonios de judías ricas que hicieron donativos a las sinagogas y obtuvieron honores y protagonismo en la comunidad, como menciona el texto bíblico Rufina. Quizás sus tareas pudieron ser administrativas y exhortativas[35].

Plutarco[36] también atestigua respecto a la educación de las mujeres con respecto a Cornelia, esposa de Pompeyo, a quien alaba por ser versada en literatura, música y geometría, que, además, tenía el hábito de escuchar discursos filosóficos, sin mencionar que expresara sus perspectivas en público. Pero también, es necesario comentar que las mujeres educadas

---

[33] Tácito, Ann. Pág. 11-14
[34] Estévez, *Las mujeres en los orígenes del cristianismo*, 2012, 130
[35] Estévez, *Las mujeres en los orígenes del cristianismo*, 2012, 130
[36] Estévez, *Las mujeres en los orígenes del cristianismo*, 2012, 132

fueron criticadas, dejando apreciar las tensiones que causó su formación. La sociedad imperial, en especial la romana, y las demás provincias, desarrollaron estrategias para inhibir algunas conductas femeninas y fomentar sus virtudes tradicionales como uxor y mater: fidelidad, silencio, castidad, sumisión (Plutarco, Preceptos conyugales 139C, 142 C-D). Con esta apreciación define a la esposa ideal.

Pero, ni la riqueza ni aun la buena educación les avaló el derecho a gozar de todos los derechos y privilegios que les correspondían al actuar en calidad de benefactoras de las ciudades y grupos. Es así que, de acuerdo a Cicerón: "...a las leyes y la misma tradición, la posición de las mujeres emancipadas, era enigmática, porque debía contar con un varón que actuase como encargado en transacciones legales y económicas y como tutor testamentario"[37]. Así, la percepción de la sociedad de ese entonces sobre las mujeres ricas era equívoca: por un lado, sus bienes podían beneficiar a las ciudades o servía para que sus esposos ganasen reputación; y por otro, cuando mostraban autonomía se interpretaba como rebeldía y presunción.

EL DESARROLLO DE LA MUJER EN LA EKKLESIA-OIKÍA

Hacia el primer siglo, ya había abundante presencia de mujeres en las comunidades cristianas en contexto del imperio romano. Según el libro de los Hechos, formaban parte del grupo constitutivo de las comunidades y muchas de ellas pertenecía al judaísmo de la diáspora. Se puede citar a la madre y abuela de Timoteo (Hch. 16.1; Lidia en Filipos (Hch. 16.14); las mujeres temerosas del Señor de Tesalónica y de Berea (Hch. 17.4,12). De igual modo, Pablo encontró en Corinto a Priscila y Aquila, un matrimonio judío (Hch. 18.2)[38].

---

[37] Cicerón, Pro Flacco, 71-72.

[38] En contra del uso antiguo, se nombre a Priscila antes que Aquila, su esposo.

El apóstol Pablo menciona en sus epístolas a diversas mujeres, algunas de las cuales eran judías (En Romanos 16.3, 7,11: Prisca, Herodíon y Junia). De manera implícita, se incluye a mujeres entre los esclavos y esclavas, o el resto de los miembros de la casa que son considerados en conjunto (Rom. 16.11). A partir de 1 Cort. 7.1; 11.1; 14.33 se concluye que la comunidad de Corinto contaba con no pocas mujeres. La manera de citar inclusivamente a las mujeres, como en el contexto de las casas cristianas (oikia ekklesia), prosigue a las cartas de Ignacio[39]. Junto a estas aseveraciones hay muchas otras indirectas que aluden la presencia de mujeres dentro de las comunidades cristianas[40].

Cabe suponer que la entrada a las mujeres en las comunidades urbanas de creyentes en Cristo se basa en dos aspectos: el éxito de la misión en el ámbito de judíos de la diáspora y la conversión de casas. Así en el caso de Priscila y Aquila y también en el de Lidia, mujer temerosa de Dios se hizo bautizar con ella a toda su casa (Hch. 16.14). Ambas zonas de entrada: la sinagoga y la casa, brindaban la posibilidad de llegar e interpelar a las mujeres[41].

Respecto a la participación de las mujeres en la vida comunitaria de la ekklesia, se bautizaba del mismo modo a mujeres y a hombres (Hch. 18.12) juntos o separados o casas enteras (Hch. 16.15; 1 Cort. 1.16). Es importante el hecho de que en el bautismo se emplee el mismo ritual para ambos sexos.

Naturalmente, al menos algunas funciones y roles fueron ejercidos, en el interior de las comunidades de creyentes en Cristo, no solo por hombres, sino también por mujeres. "La equiparación carismática de los sexos se traducía asimismo en una integración y participación femenina en

---

[39] Ignacio, saluda en primer lugar a "las casas de mis hermanos, junto con las mujeres y niños y a las vírgenes que son llamadas viudas".
[40] Stegemann. *Historia social del cristianismo primitivo.* 2001
[41] Stegemann. *Historia social del cristianismo primitivo.* 2001

las funciones directivas espirituales dentro de las comunidades cristianas"[42].

La única mujer a la que de manera implícita se le da el título de "apóstol" en el Nuevo Testamento es Junia (Rom. 16.7). Es decir, la convierte en enviada del mensaje salvífico en relación al Cristo resucitado. A saber, pertenecía al primer grupo de misioneros y misioneras itinerantes, incluso antes que el mismo apóstol Pablo, y era mujer judía. Se deduce que trabajó con Andrónico, donde modeló su vida itinerante desde la perspectiva social.

De la misma manera, no existió nunca en la iglesia una especie de ministerio de viudas como cargo específico. Más bien deja a entender que la oración continúa recomendada a las viudas en 1 Timoteo 5.5 fuera una función más comunitaria. Schottroff dice: "Respecto a 1 Tim. 5.3-16 se propone la idea de un ministerio de las viudas"[43]. En realidad, las viudas que no lograran sostenerse económicamente por sí solas, no solo recibían ayuda de la comunidad, sino que también les aseguraba un trabajo respetado en el seno de la comunidad.

Así también, según 1 Corintios 11.5, las mujeres participaban de manera activa en las asambleas comunitarias como profetisas y orantes. Se conjetura que las mujeres participaron en los discursos en lenguas, en su traducción y en el canto de los salmos (1 Cort. 14.2, 26). En Corinto quizás, de manera activa participaron en la didaché de la asamblea comunitaria (1 Corintios 14. 26). Entonces, la participación amplia y activa de las mujeres en las asambleas comunitarias establecía una peculiaridad de la comunidad de Corinto[44].

---

[42] Stegemann. *Historia social del cristianismo primitivo*. 2001

[43] Schottroff, 1994 pág. 230

[44] 1 Corintios 11.16; 14.33

De la misma manera, MacDonald da su aporte al manifestar: "que la iniciación femenina fue central en el desarrollo del cristianismo"[45], para lo cual llama la atención citando a Celso, uno de los críticos del cristianismo primitivo en el siglo II, con conocimiento sobre la tradición cristiana, especialmente sobre la función que desarrollaron las mujeres en los relatos pascuales, específicamente en función de María Magdalena. En el contexto cristiano, se mantuvo la memoria de María como la seguidora de Jesús, como testigo de la resurrección y como heraldo de las noticias de la aparición del Jesús resucitado[46]. Así lo manifiesta la tradición del Nuevo Testamento junto a varios escritos paganos del siglo II. Los investigadores suelen aceptar que el final del siglo I, se caracterizaba por una creciente patriarcalización de la iglesia, que se manifestaba en la llamada a las viudas cristianas para que fuesen viudas modelo, conforme a los ideales grecorromanos de fidelidad y sometimiento. Es decir, que dicha patriarcalización fue el resultado de la preocupación que el cristianismo tuvo de mejorar su imagen pública en relación a la creciente hostilidad social que causaba.

No es posible conocer del todo la manera en que aparecían las mujeres en las primeras comunidades cristianas, a no ser que tengamos que considerar la forma como se juzgaba a otros grupos religiosos del mundo greco-romano en su manera de tratar a las mujeres. Es David L. Balch quien da su perspectiva sobre la manera en que el mundo greco-romano criticaba a las mujeres que pertenecían a las religiones orientales[47]. Balch en su análisis concluye: "los ideales romanos eran los causantes de que surgiera cierta crítica contra el culto de Dionisio, contra el culto egipcio de

---

[45] Margaret Y. MacDonald. *Las mujeres en el cristianismo primitivo y la opinión pagana*. Editorial Verbo Divino. España 2004

[46] Margaret Y. MacDonald. *Las mujeres en el cristianismo primitivo y la opinión pagana.* 2004

[47] D. Balch, Let Wives be Submissive: *The Domestic Cod in 1 Peter, Scholars,* Chico, CA, 1981, 65-80

Isis y contra el judaísmo, manifestando que esos cultos producían inmoralidad (en especial las romanas) resultando sedicioso"[48].

Plinio señala que entre los cristianos hay gente que pertenecen a todos los grupos de edad y situación social, tanto varones como mujeres. El puntualiza el cristianismo como un movimiento que concentra un peligro. Pero él sugiere a dos mujeres servidoras. Cabe preguntarnos cómo llama la atención a Plinio éstas dos esclavas. Quizás estas dos mujeres tuvieran un rol ministerial esencial dentro de la comunidad cristiana; fue un factor importante dentro para su visibilidad. Resulta difícil precisar las actividades de estas mujeres diaconisas, pero es probable que se dedicaran a las actividades tradicionales de las siervas de los siglos III D. C, como es: cuidado de enfermos y pobres, instrucción de las mujeres prosélitas, asistencia de las mujeres en el bautismo de mujeres[49].

Mujeres ricas que ponen sus casas a disposición de las comunidades cristianas.

---

[48] D. Balch, Let Wives be Submissive: *The Domestic Cod in 1 Peter, Scholars*, Chico. 1981.

[49] D. Balch, Let Wives be Submissive: The Domestic Cod in 1 Peter, Scholars, Chico. 1981.

Atracción de las mujeres ricas al cristianismo

En los textos bíblicos, se evidencia que algunas mujeres ricas se convirtieron al cristianismo. Hechos 17:4,12 hace alusión a mujeres de un estrato superior, "personas del séquito" es decir, que ejercían funciones por cuenta de sus patrones en puestos políticos administrativos en el sector privado[50].

En el contexto del primer siglo las casas privadas jugaron una función esencial donde las comunidades se reunían, se nutrían y se animaban en la tarea misionera (Romanos 16.5; 1 Corintios 16.19; Filemón 2).

Vale recordar que una de las estrategias misioneras del apóstol Pablo siempre era visitar los lugares de trabajo. Incluso él mismo se involucraba en las labores, como el hacer carpas. Aprovechaba dichos espacios para anunciar las buenas nuevas de salvación. Tanto hombres y mujeres convertidos al cristianismo se reunían en las iglesias domésticas, es decir, el lugar de encuentro era la casa de un hombre o una mujer creyentes[51]. En los albores del cristianismo, fue implementándose en el contexto grecorromano los cultos en torno al hogar de las familias que se iban convirtiendo al evangelio; ofrecían sus casas como lugares para las reuniones de la comunidad cristiana. Como menciona Santiago Guijarro: "la casa constituía la unidad socio-económica central de la sociedad mediterránea antigua"[52]; en torno a las casas, se enunciaba las relaciones de amistad, las interacciones sociales y económicas. Esto contribuía al desarrollo del cristianismo, no sólo como aspecto de organizar las iglesias en casa, sino como un elemento para la identidad de los miembros de la

---

[50] Ekkehard W. Stegeman y Wolfgang Stegeman, 2001
[51] Carlos Gil, 2010
[52] Santiago Guijarro 1998

ekklesía; de paso describía las funciones y ministerios comunitarios, es decir, en el aspecto misionero y de administradores de la casa.

La organización social del cristianismo, tuvo esta matriz, y ciertamente aportó para la estructurara la identidad colectiva en torno al modelo familiar patrilineal, contribuyendo al papel de las mujeres en la nueva familia.

En las iglesias domésticas, se acostumbraba a orar, a celebrar la Cena del Señor, se edificaba la hermandad entre los demás cristianos; esencialmente eran espacios para atender a enfermos y encarcelados. Por tal razón, las casas eran el seno familiar, de donde se partía y se llegaba de los distintos viajes misioneros; eran espacios de aprendizaje, eran lugares para hospedar a hermanos en la fe. Así también, eran lugares apropiados para atraer a nuevos miembros a la comunidad cristiana.

De ésta manera, aquellas personas que ofrecían sus casas para las comunidades habrían contado con reconocimiento, relevancia y alguna función de dirigencia entre los creyentes según Wayne A. Meeks[53], teniendo en cuenta el sistema de creencias y valores en el mundo mediterráneo de ese tiempo, en concreto, el patronazgo y el honor.

Según Estévez, el patronazgo pone en relación informal, mutua y asimétricamente a dos personas, el patrono y el cliente que intercambian bienes y servicios de diferente tipo. Siendo el honor de ellos, el garante del compromiso pactado entre los dos. Esta interacción, marcó la vida de las primeras comunidades sin excluir de un dialogo crítico con dichas prácticas desde la perspectiva del evangelio.

---

[53] Wayne A. Meeks, 1988.

Mujeres en el contexto cristiano y en la evangelización

Es esencial mencionar que Pablo siempre contaba con hombres y mujeres; se refería a ellos el término "colaborador", del griego synergos, y con el verbo "trabajar duramente" por el evangelio. La palabra "synergos" o colaborador, Pablo la usa para referirse a quienes integraban sus equipos. Entre ellos: Timoteo, Tito, Epafrodito, Filemón, entre otros. Entre las mujeres estaban: Prisca, Evodia y Síntique. Es interesante que "synergos" no se usa para los creyentes en general (1 Corintios 3.9; 1 Ts. 3.2; Romanos 16.3, 9; 16.1; Flm 24; 2 Cort. 8.23).

Pablo nombra a Evodia y Síntique (Filipenses 4.2-3), enfatizando que trabajaban juntas por la causa del evangelio. El hecho de ser reconocidas en su liderazgo, puede ser que gozaban de cierta libertad. Evodia y Síntique tuvieron un liderazgo reconocido tanto en la comunidad de Filipos y con el movimiento paulino. Ellas son miembros del equipo misionero donde son mencionadas con otros colaboradores. Según Carolyn Osiek, podría ser que ambas formaran parte de los episkopoi de Filipos (Fip.1.1)[54]

También podemos mencionar a María, Trifena, Trifosa y Pérside, que son "colaboradoras", que son citados en Romanos 16.6,12; afirmando que han trabajado mucho en el Señor. Así también se cita a Febe, como hermana, que fue vinculada a la iglesia de Cencrea (Corinto) que es referido al final del libro de Romanos 16.2. Un aspecto que refuerza la autoridad de liderazgo es la frase: "porque ella ha ayudado a muchos y a mí mismo". También se cita a Apia, nombrada en Filemón 2. Quizás fue benefactora de la comunidad de creyentes. Es nombrada junto con Filemón, como "synergos" o colaborador junto a Arquipo "compañero" (sistratiotes), y junto con ellos recibe el honor de ser "hermana" (adelphe).

---

[54] Carolyn Osiek, 2000

Se enfatiza su presencia en base a su función de significancia para la comunidad cristiana.

Otro aspecto importante fue la colaboración entre hombres y mujeres en los orígenes del cristianismo, misma que nace de su igual vinculación a Cristo y al evangelio. El anuncio de las buenas nuevas y la edificación de la iglesia, centró sus existencias particulares, y toda interacción que se dieron entre ellos, "misma que suscitaba redes fraternas que nutrían la fe, sostenían tanto en el compromiso y el dialogo entre quienes compartían el costo, es decir las dificultades y sufrimiento"[55], de seguir a Cristo.

Es factible nombrar algunas parejas que trabajaban para el Reino de Dios, ciertamente algunas de éstas eran marido y mujer. Este dato, enfatizan el papel que jugaron las esposas junto a sus esposos en la evangelización y el sostenimiento de las comunidades cristianas en el primer siglo. Entre ellos tenemos a: María y Cleofás, Priscila y Aquila y a Junia y Andrónico.

En 1 Corintios 9.5 se afirma que Pedro tomó consigo a su propia esposa en su acción misionera. Manifestando que habría formado parte del grupo de los seguidores de Jesús. El texto dice: "¿No tenemos derecho de llevar con nosotros una hermana como esposa (adelphen gynaika) como los demás apóstoles, y los hermanos del Señor y Céfas? Esto junto con la perspectiva de Julio Africano que por tradiciones judeocristianas palestinas: "las familias de Jesús hicieron camino desde sus pueblos galileos por Palestina".[56] Se puede decir, que los hombres de la familia fueron acompañados por sus esposas, quienes indudablemente eran cristianas.

El posicionamiento de las mujeres fue importante en el significado que se dio con la palabra "hermana" como esposa. El apóstol Pablo utiliza

[55] Estévez, *Las mujeres en los orígenes del cristianismo,* 2012, 178
[56] Eusebio de Cesarea, *Historia Eclesiástica. 1999*

"hermana" al igual que "hermano" para referirse a quienes colaboran en la misión de extender el evangelio de Jesucristo. Ahí están: Febe (Rom.16.2), Sóstenes (1 Cort. 1.1), Timoteo (Film 1; 2 Cort. 1.1), aunque en otras ocasiones utiliza "hermano", adelphos, cuando enfatiza a los cristianos en general. O sea, en Judea y Galilea había colaboradoras misioneras que juntamente con sus esposos hacían parejas en su labor misional. Pero por otra parte también había otros colaboradores de Pablo: Priscila y Aquila, Junia y Andrónico, Filologo y Julia. Y también había equipos misioneros que estaba formado por dos mujeres, entre ellas están: Trifena y Trifosa, o Evodia y Síntique. Según Estévez, "el ejemplo de Priscila y Aquila avala el que éstas esposas hermanas eran estimadas por sus maridos hermanos". Eran una pareja de misioneros artesanos que aprovechaban su estancia en dichos lugares. Ellos combinaban su estancia en las ciudades del imperio aportando: casa, bienes y persona para el servicio y extensión del Reino de Dios. Es interesante que al leer el texto bíblico el nombre de Priscila aparece antes de Aquila: Rom. 16.3 (2 Tm. 4.19) y Hch 18.18. Quizás la interpretación se puede centrar, por un lado, en que la categoría social de Priscila sea más alta que su esposo y, por otro lado, al éxito que esta líder femenina marcó como evangelizadora en las iglesias domésticas. Pablo en ningún momento menciona como esposa, sino que subraya el compromiso de esta mujer en la obra misionera en el mismo nivel de igualdad e interdependencia con el varón.

El papel que las mujeres jugaron en los orígenes del cristianismo en el primer siglo muestra que ellas desempeñaron en las familias un factor esencial en la integración de sus miembros. Tuvieron la tarea de educar cristianamente a sus hijos, como es el caso de Eunice, la madre de Timoteo (Hechos 15.36-18.22). También fueron evangelizadoras en matrimonios con esposos no creyentes. Pablo ya abordó este inconveniente en 1 Corintios 7.15. La problemática de las esposas casadas con maridos no cristianos vuelve a mencionarse en 1 Pedro 3.1-6 en Asia menor, quienes viven una situación de sufrimiento, hostilidad y exclusión. Pero Pedro anima a las comunidades cristianas a destacar su conducta intachable, y les exhorta a comportarse de acuerdo al modelo patriarcal y jerárquico de la casa grecorromana[57] de aquella época. Así también, el autor anima a las mujeres a someterse a sus maridos, lo hace bajo el contexto de la posibilidad que tienen las mujeres de ganar a sus esposos con su ejemplo. Pero de manera indirecta, el autor enfatiza la eficacia de las mujeres en la evangelización de sus esposos no creyentes.

[57] Estévez, *Las mujeres en los orígenes del cristianismo*, 2012, 193.

Mujeres y organización comunitaria: oficios eclesiales, organización de las vírgenes y profecías

El presupuesto de fondo que llevaba al servicio era la memoria de Jesús y su insistencia en tener una conducta y un proceder fraterno y servicial para toda la comunidad. Como manifiesta Hoornaert: "las mujeres practicaban el servicio de Jesús solo bajo formas distintas, algo que practicaban en su vida y a la hora de morir"[58]. Y fieles a este ideal, las mujeres se caracterizaron por seguir cuidando enfermos, alimentando, hospedando, cuidando a los necesitados durante toda la historia eclesiástica.

La existencia de mujeres que recibieron el título de "diáconos" (diaconisas en femenino) no fue atestiguado en griego hasta el concilio de Nicea en 325 d.C. Más aún, fue testificada por Pablo cuando aún no se diferenciaba entre la función diaconal desempeñada por varones y mujeres. Como menciona Estévez: "la diaconía sufrió grandes cambios a lo largo de los tiempos y, específicamente en Oriente puede atestiguarse la existencia de diaconía femenina a partir del siglo III"[59].

La labor de Febe consistía en: representar a una iglesia ante otra, llevando una carta hacia la comunidad, como se observa en Romanos 16.1-2. Febe, como representante de Pablo actuaría como lo hicieron Timoteo y Tito.

A finales del siglo II, las cartas pastorales parecieran admitir el oficio de mujeres diáconos, que es lo más probable. Las razones son las siguientes: 1) El verso 11 comienza de la misma manera que el verso 8, es decir los diáconos, 2) Si la intensión era mencionar a las esposas hubiera usado "gyne" con posesivo "su" o el articulo definido[60], 3) No existe la

---

[58] E. Hoornaert, *La memoria del pueblo cristiano. Editorial Paulinas,* Madrid 1986, 190-191

[59] Estévez, *Mujeres en los orígenes del cristianismo*, 2012, 218

[60] Estévez, *Mujeres en los orígenes del cristianismo*, 2012, 220

forma femenina de diacono, ya que es más tardía, 4) No se menciona sobre las esposas de los epíscopos y por ende no se puede manifestar un paralelo entre ambos cargos.

Un dato importante que aporta ésta investigación, es sobre la institución del diaconado femenino tal como aparece en la Didascalia Apostolorum (DA). En un documento canónico-litúrgico[61] del 230 d.C., en la iglesia siriaca, se menciona sobre el papel que desempeñabas las viudas y las diaconisas en la iglesia. Aquí las diaconisas son presentadas en paralelo con los varones diáconos con funciones claramente particulares. El documento dice: "Por eso, oh obispo, hazte obreros de justicia, ayudantes que guíen a tu pueblo hacia la vida. Elegirás y establecerás como diáconos a los que te agraden en tu pueblo, a un hombre para ejecutar las muchas cosas que son necesarias y a una mujer para el servicio de las mujeres" (DA III, 12.1).

A las diaconisas se les encarga visitar a las mujeres cristianas, labor que no podían realizar los diáconos varones. También asumen funciones en la liturgia bautismal, si bien no bautizaban, porque tal acto era reservado solo para los presbíteros. La Didascalia les otorga el rol de visitar a los enfermos y atender sus necesidades, es decir lo concerniente a lo caritativo. Así también en el Canon de los apóstoles (250 d.C.) se menciona a tres viudas que iban a ser ordenadas (kathistanesthosan); el documento se refiere a una de ellas como diácono, quizás por mencionar al texto de 1 Tm. 3.8 donde se hace referencia a las características de los diáconos.

Sobre las viudas, existen indicios que formarían parte de un grupo que tenían reconocimiento dentro de los cristianos. Aunque todavía no se habla de "orden", es decir, de un oficio reconocido en la organización de la iglesia. El primer texto mencionado en Hechos 6.1-7 donde surge el primer conflicto en la iglesia, se menciona que las viudas helenas no eran

---

[61] Estévez, *Mujeres en los orígenes del cristianismo,* 2012, 224

atendidas en la diaconía o servicio diario. Según Reta Halteman Finger, dice: "el texto lucano aludiría a un grupo de viudas de entre los cristianos helenistas y de los hebreos. No es claro en Hechos, si sus funciones se enfocan en atender las necesidades de las viudas, quienes eran los más vulnerables de la comunidad cristiana, o mejor velar por las necesidades de toda la iglesia"[62].

Entonces, ¿fue evidente la participación de la mujer en la organización de la iglesia del primer siglo? Con lo mencionado del libro de los Hechos, las mujeres si participaron en la infraestructura organizacional de la iglesia. En estas casas, conocidas como iglesias domésticas, ellas daban hospitalidad (Hechos 16.12), confeccionaban ropa para las viudas (Hechos 9.36-39), incluso se puede inferir que dirigían la comunidad (Hechos 18.26-27).

Respecto a la profecía, Lucas identifica a Ana, viuda judía quien servía en el templo como profetisa, igual Isabel y María tienen un papel carismático debido a que ambas estaban llenas del Espíritu. No sólo eran ellas, sino que había algunas mujeres nombradas en el Antiguo Testamento como Miriam (Éxodo 15.20), Débora (jueces 4.4), entre otras.
Los profetas, hombres y mujeres, gozaban de autoridad en la iglesia hasta el siglo II, en que los obispos monárquicos ocuparan su autoridad indiscutible. Como manifiesta Estévez: "el don profético estaba vinculado con la castidad, porque la presencia de la divinidad requería cierta continencia sexual, algo que era común en el contexto grecorromano"[63].

Para resumir, por lo que respecta a las comunidades paulinas, las mujeres participaron de la mayor parte de los dones carismáticos en las comunidades, ya en su desarrollo de las funcioneras misioneras, así como en las determinadas competencias en las comunidades locales, y en la

---

[62] Reta Halteman Finger, *sobre viudas y comidas en el libro de los Hechos*, 2007.
[63] Estévez, *Las mujeres en los orígenes del cristianismo,* 2012, 248.

participación activa en las asambleas de la Ekklesia. Respecto al contexto de Corinto, las mujeres participaron activamente en muchas expresiones de la misma asamblea comunitaria. Esta indiferencia sexual respecto a la dirección "espiritual" de dichas comunidades deriva de manera clara, de la equiparación carismática de los hombres y mujeres creyentes, que aterrizó en la expresión social en el bautismo. Es decir, que dicho elemento carismático era igualitario.[64] La forma comunitaria de ekklesia, equivalente a la de la antigua casa, fue esencial para la participación de las mujeres en las funciones directivas. Dado que la reunión de la ekklesia de creyentes en Cristo, que fue parte del ámbito público, tenía lugar en la casa, y se consideraba como comunidad familiar. Su misma forma organizativa ofrecía a las mujeres la posibilidad de participar de manera activa[65].

Por la creciente controversia sobre las funciones directivas de las mujeres alcanzó su cúspide precisamente cuando en el siglo III d.C., las comunidades cristianas terminaron de reunirse en las casas, y escogieron en su lugar, la oficialidad de la polis (basílica)[66]. Como fue evidente, ya existía en ese tiempo, irritaciones y diversidad de opiniones sobre la participación activa de las mujeres en las manifestaciones públicas de la ekklesia. No fue fácil moldear en la realidad social la consonancia de la condición carismática de los sexos, que fue implícito en el bautismo. Desde luego que todo fue un proceso cierto ya en las cartas de Pablo.

---

[64] Shussler Fiorenza 1988 pág. 205
[65] De modo análogo, Ross Kraemer 1999, 142
[66] Corley 1993, pág. 16

LA POSICIÓN DE LA MUJER EN LA IGLESIA EN ROMA

Situación histórica de la carta a los Romanos

Si omitimos Romanos 14. 1-15, 13 el resto de la epístola apenas se nos dice algo concerniente a la comunidad cristiana de Roma. Evidentemente, esto se debe a que el apóstol no conocía a la iglesia en su conjunto. Con esta carta, Pablo estableció el primer contacto con ellos. La comunidad de Roma no ha sido fundada por él. Sin embargo, vale mencionar que desde el comienzo de su misión había tenido contacto indirecto con Roma mediante la colaboración de Priscila y Aquila, con quienes trabajó en la edificación de la comunidad de Corinto (Hechos 18.1) y posteriormente misionó a Éfeso (Hch. 18.18) y ahora tiene contacto con la comunidad doméstica[67] (Rom. 16.3).

Para una mejor comprensión de romanos es esencial entender sobre Pablo, los judíos y gentiles y la iglesia en Roma. Respecto a la paternidad literaria se da por sentado a Pablo. Fue de la tribu de Benjamín y miembro del partido de los fariseos (Hechos 23.6; Romanos 11.1).

Pablo, (Hechos 22.3; Filipenses 3.5): judío-israelita, nacido en Tarso de Cilicia[68], criado en Jerusalén, formado a los pies de Gamaliel, estrictamente conforme a la ley de sus padres. Pablo fue circuncidado al octavo día, del linaje de Israel, de la tribu de Benjamín, hebreo de hebreos. En cuanto a la ley, fariseo; hijo de fariseo[69]

---

[67] Ulrich Wilckens. *La carta a los romanos*. Ediciones Sígueme Salamanca. 2006

[68] Tarso no era una ciudad insignificante, ya que era un centro de cultura en la religión. Para más información lea a E.E. Ellis, PhD, su artículo publicado por Nuevo Diccionario Bíblico Certeza, Ediciones Certeza Unida, Barcelona-Buenos Aires-La Paz 2003, pág. 989-1000.

[69] Varios grupos religiosos buscaban influir en el pensamiento del pueblo judío, antes y después de Jesús. En 2 Mac.2.42-43 describe a los Asideos o Chasidim como piadosos israelitas apegados a la ley. Estos se unieron a la lucha de Judas Macabeo contra Antíoco, pero logrado la libertad, se apartaron de los Macabeos por sus ambiciones políticas.

Ocasión de la carta

Durante su tercer viaje apostólico (años 53-58), el apóstol Pablo escribió desde Éfeso a los gálatas y comenzó una correspondencia con la comunidad de Corinto. Las noticias de las demás iglesias fundadas por el apóstol indicaban que todo iba bien. Su actividad en la parte oriental del imperio romano había logrado igualmente sus frutos[70]. Desde Jerusalén hasta las legiones de Iliria, hasta la ribera del Adriático ha sido predicado el mensaje del evangelio. A fin de poder visitarles y preparar su llegada a Roma, escribe desde Corinto a los Romanos, en el invierno-primavera del 57-58. Esta es la datación propuesta de la mayoría dc estudios, aunque la mayoría datan al año 52. Que la epístola se escribiera a Corinto lo muestra en la alusión a la "diaconisa" Febe de la ciudad de Cencreas, puerto de Corinto en el mar Egeo (Rom. 16.1). Como manifiesta Caballero "Si Febe se estaba dirigiendo hacia Roma, es lógico pensar en invierno o primavera del último tiempo del apóstol en Corinto".

Destinatarios

En la época de Pablo, Roma era la más grande del imperio. La gran mayoría sostiene que había más de un millón de habitantes.

Respecto a la iglesia en Roma, se puedo decir que la ciudad es insinuada por ocho ocasiones: cinco en los Hechos a los apóstoles (Hechos 18.2; 19.21; 28.14), dos en el libro a los Romanos (Rom. 17.7, 15) y en una ocasión en 2 Timoteo 1.17. También es claro en Hechos 18, en el encuentro de Pablo con Priscila y Aquila en Corinto, éstos habían recién llegado de

---

[70] Juan Luis Caballero. *Escritos Paulinos*. Manuales ISCK Instituto Superior de ciencias Religiosas, Universidad de Navarra. Ediciones Eunsa. 2016. Pág. 91

Roma tras un edicto de Claudio[71] hacia el año 49 d.C., fecha en la que Pedro aún se encuentra en Jerusalén.

En el libro Hechos de los apóstoles se informa que había habitantes romanos quienes presenciaron el derramamiento del Espíritu Santo en el día de Pentecostés (Hechos 2.10). Es probable que, de algunos convertidos a Cristo, hayan regresado y fueron quienes dieron inicio a un grupo de cristianos. Según F.F. Bruce resalta: "son el único grupo europeo a recibir expresa mención entre los peregrinos"[72]. Entonces, la iglesia en Roma, estaría conformada por judeo-gentiles conversos. El énfasis del libro de romanos en los capítulos uno y dos, así como la alusión a las ramas injertadas del capítulo once, también las alusiones citas del antiguo testamento deje evidenciar la población que integraba la iglesia en Roma: judeocristianos y gentiles convertidos al cristianismo. Es decir, estaba formada por fieles de procedencia judía o gentil, fuese conservadora de las tradiciones judaicas.

Fecha y lugar de redacción

La carta a los Romanos fue escrita en Corinto, según 16.1 (Febe, portadora de la carta, es una cristiana de Cencrea, ciudad marítima a unos 10 km de Corinto, esto en el golfo de Sarón[73]) según menciona en 16.3. El Apóstol planeó desde Éfeso un viaje a Jerusalén, pasando por Macedonia y Acaya (Hch. 19.21). Después del amontonamiento de los plateros (Hch. 19.23-40)[74], Pablo deja a Éfeso, pasa por Troade, quizás por Filipos y llega a Corinto. Aquí permanece tres meses. Durante este trimestre de permanencia invernal escribió Romanos. La epístola sería de comienzos

---

[71] El historiador Suetonio, cuenta que Claudio "expulsó de Roma a los judíos, que su sublevación fue a instancias de un tal Crestos" (Suetonio, Vida de los doce Césares, libro V-Editorial Juventud, Barcelona, España 1978) pág. 226.
[72] André de Souza Lima. *Carta a los Romanos. Editorial cristiana evangélica*, 2017
[73] Otto Kuss. *Carta a los Romanos. Editorial Herder*. 1976 pág. 23
[74] Otto Kuss. *Carta a los Romanos. Editorial Herder*. 1976 pág. 175

del año 58; y Febe, le habría llevado a Roma en la primavera después de volver a abrirse la navegación.

Propósito y tema del libro

El enfoque es presentar el evangelio tal él lo enseñaba, siempre mostrando sus beneficios e implicaciones. También busca ser apologético, es decir, es una presentación respecto de lo que él conceptúa sobre el evangelio en contra de los que dicen sobre él. Así en el bloque doctrinal vendría a ser como su carta de presentación o credencial de fe.

Respecto al tema: la proclamación del evangelio de Dios presentado en la persona de Cristo, evangelio a través de la cual la justicia de Dios (Rom. 1.16-17), testificada por la ley y los profetas. Evidentemente existen otros temas que giran en torno al Evangelio, que es la justicia de Dios, así como su bondad, la soberanía de Dios, el señorío de Cristo, las obras de la ley en contraste con las obres de fe. Temas más teológicos.

Circunstancias políticas familiares en Roma

Sobre lo que respecta la familia romana, estaba integrada no solo por quienes tenían el vínculo de sangre (cónyuges e hijos), sino también por quienes dependían del "pater familias"[75], es decir, esto involucraba a los esclavos libertos. La familia romana era más amplia que las familias actuales, e incluso podría estar conformado por cientos de personas.

Se ha heredado de los romanos muchos aspectos concernientes al contexto familiar (costumbres, marco jurídico, aspectos lingüísticos)[76] como ya se mencionó. La composición que integraba a una familia tenía un sentido de dependencia con el "pater familias". Respecto al cabeza de

---

[75] La familia romana. *Un estudio de la familia.* www.monografías.com visite en diciembre 2018

[76] La familia romana: *estructura y miembros*-Ludus Litterarius www.luduslitterarius.html

familia, esta función correspondía al padre o "pater familias". Un "pater familias" romano tenía un poder grande, la llamada "patria potestad" o "manus", en nombre de dicha potestad podía hasta matar a cualquier miembro de la familia[77]. De igual modo, el pater familias, tenía el deber de mantener a su familia, representarla públicamente y oficiar en los aspectos religiosos domésticos. El pater familias, tenía toda la potestad de su entorno familiar. Respecto a los hijos, estos eran llamados a veces "liberi/-orum", esto por oposición a los esclavos. Sobre la esposa, dependía del tipo de matrimonio. Existía el primer matrimonio denominado "cum manu"[78]; aquí el padre renunciaba a la potestad sobre su hija, para asumirla el esposo. Este tipo de matrimonio fue sustituido por el "sine manu", en donde el padre todavía conservaba la autoridad sobre su hija.

Circunstancias sociales: Respecto a las mujeres en Roma, las más afectadas eran las esclavas, quienes eran consideradas "objetos y no sujetos de derecho"[79], quienes, a más de poseer los difíciles y peores trabajos, debían complacer a sus amos en relaciones extra matrimoniales. Las esclavas no podían casarse, pero si podían unirse a otro esclavo, eso era conocido como contubernium.

Así también, las mujeres no tenían nombre propio, solo poseían el nombre gentilicio, nomen (Publia, Aula) y el familiar o apodo cognomen. El único momento del año en que las mujeres eran libres era en el tiempo de los cultos báquicos, las Bacanales[80]. En éstas, las mujeres tomaban vino, practicaban sexo tanto heterosexual y homosexual. Como se evidencia, estas prácticas ceremoniales demuestran que el papel de la mujer

---

[77] La familia romana: *estructura y miembros*-Ludus Litterarius www.luduslitterarius.html

[78] La familia romana. Un estudio de la familia. www.monografías.com, consultado el 4 de diciembre 2018

[79] La mujer en Roma: www.cultura clásica.com consultado el 15 noviembre del 2018

[80] La mujer en Roma: www.cultura clásica.com

en el contexto greco-romano era solo el de la procreación y la reproducción, no existiendo lugar para el amor. Este tipo de prácticas desapareció por orden del Senatus consultus de Bacchanalibus en el 186 a.C. debido al escándalo que era evidente para la sociedad oficial romana[81].

La mujer en la iglesia cristiana en Roma

Dentro de estas tradiciones arraigadas en el aspecto social era la concepción de que la mujer era inferior por naturaleza al hombre. Yosé Yohanan, afirma: "aquel que se entretiene demasiado con las mujeres, se atrae mal, descuida el estudio y termina en el Gehená". También Flavio Josefo escribe: "La mujer, dice la ley, es inferior al hombre en todo. Por ende, debe solo obedecer, pues es al hombre a quien Dios ha dado poder"[82].

Es en el mundo greco-rromano en el que se extenderá el cristianismo y el armazón social en que la iglesia se va a desarrollar y donde ejercerá su enseñanza. En el contexto griego, Platón, concedió a la mujer cierta libertad de acción a liberarla, en teoría al menos, de las cargas familiares y concediéndole espacio en el ámbito político. Sin embargo, no tuvo inconveniente en decir que "toda mujer es más débil que el hombre"[83]. Así también, la sociedad romana tuvo una organización fuertemente patriarcal. E. Cantarella expresa "que el varón se manifestaba sobre las mujeres en una serie de imposiciones y controles a quienes estaban sometidas en toda su vida". Sigue diciendo Cantarella sobre el matrimonio que "lejos de compartir la adquisición de una mayor libertad, el matrimonio implicaba la única consecuencia de poner a la mujer bajo un nuevo patrón"[84]

---

[81] La mujer en Roma: www.cultura clásica.com
[82] Flavio Josefo, *Contra Apion*, II, pág. 201.
[83] Mercedes López Salvá. *La iglesia y las mujeres* (siglo I-IV)
[84] López Salvá. *La iglesia y las mujeres* (siglo I-IV) pág. 10

Es en éste contexto, en los primeros años del cristianismo, según narra los evangelios, donde se muestra que había muchas mujeres en el círculo de amistades de Jesús, ya visto al inicio de este trabajo. Tecla, de una familia acomodada de Iconio, prometida a Tamiris[85], el joven codiciado de la ciudad, quedó tan embelesada al oír desde su casa la predicación de Pablo. Aspecto que le determinó de dejar plantado a su novio y marcharse al encuentro de Pablo y un grupo de amigos, a predicar el evangelio por los caminos[86]. La vía de realización que a Tecla le resulta, evidencia que el convertirse en una honorable matrona de la pequeña ciudad de Iconio siguiendo los lineamientos de un camino que otros, y no de ella. G. Dragón manifiesta: "sobre la vida de Tecla que es sorprendentemente moderna por el rechazo por parte de la joven de la sumisión al hombre". Además, Tecla al cortarse el pelo y vestirse con atuendo de hombre, refleja su convicción de la igual capacidad de hombre y mujer para enseñar, bautizar y ayudar a enfermos y necesitados[87].

Desde finales del siglo I y principios del siglo II las comunidades cristianas ven la necesidad de marcar diferencias con otros tipos de comunidades religiosas. Así frente al judaísmo que aceptará el matrimonio como conditio sine qua non, el acceso al liderazgo de las comunidades será cada vez más por medio de un celibato.

Romanos 16.1-2

Os recomiendo además a nuestra hermana Febe, la cual es diaconisa (diakono) de la iglesia en Cencrea; que la recibáis en el Señor, como es digno de los santos, y que la ayudéis en cualquier cosa en que necesite de vosotros, porque ella ha ayudado (prostatis) a muchos, y a mí mismo.

---

[85] Margaret Y. Mac Donald. *Mujeres en el cristianismo primitivo y la opinión pagana.* Pág. 208

[86] López Salvá. La iglesia y las mujeres (siglo I-IV) pág. 13

[87] López Salvá. *La iglesia y las mujeres* (siglo I-IV) pág. 13

Febe es llamada "diakonos" de la iglesia de Cencrea, el puerto marítimo de Corinto. Así también en Filipenses 1.1 nos indica que éste también era un título de alguna función u oficio en las iglesias locales. La tarea exacta de un diácono en ésta época no era clara. Pero podría, no solo incluir servicios ministeriales, sino también una especie de representación oficial de la comunidad local[88]. No hay pruebas que muestre que su ministerio fuera exclusivamente un ministerio de mujeres en particular, algo que iba a desarrollarse posteriormente en las iglesias sirias.

Febe, es el único diácono que conocemos de una iglesia del siglo I (la narración de Hechos 6.1-6, sobre los siete hombres encargados son llamados para la diakonía de la mesa, pero no se les llama diáconos)[89]. También a Febe se le llama "prostatis", benefactor o patrón[90] del apóstol Pablo y de muchos otros. Esto en relación al sistema social del patronazgo[91] como alguien de estatus elevado, con quien Pablo está en deuda por la ayuda prestada. Es decir, alguien con posibilidades y con un estatus social más superior quc Pablo. Un ejemplo, es Junia Teodora del siglo I, de Licia, quien suministró un centro hospitalario. Su patronazgo consistía en brindar hospitalidad en su hogar a los licios quienes viajaban. Es decir, que sus favores no solo estaban canalizados a los licios, sino que su injerencia fue ante las autoridades políticas. El contexto de la ciudad Licia de Telmessos habla de su "prostasia" en el ambiente de hospitalidad y mediación.

Orígenes, exégeta bíblico y teólogo en Alejandría, de quien muchos de sus trabajos se perdieron, por considerarse erróneos. No obstante, otros

---

[88] Kevin Madigan y Carolyn Osiek. *Mujeres ordenadas en la iglesia primitiva*. Editorial Verbo Divino. España 2006

[89] Madigan y Osiek. *Mujeres ordenadas en la iglesia primitiva*. 2006. Pág. 34

[90] Madigan y Osiek. *Mujeres ordenadas en la iglesia primitiva*. 2006. Pág. 35

[91] De Patronato. Derecho, poder o facultad del patrono (derecho o facultad que tienen el patrono o patronos). Recopilado https://www.definiciones-de.com/Definicion/de/patronazgo

de sus materiales, incluido éste texto, sobrevivieron en la traducción al latín del monge Rufino de Aquileya (410)[92]:

"Os recomiendo a Febe". Se enseña con autoridad apostólica que las mujeres también constituidas en el ministerio de la iglesia, oficio en el que se estableció a Febe en la iglesia de Cencreas. Según Martimort[93] aquí Orígenes propone que se insinuaba que se convocaba a las mujeres para servir a la iglesia, así como Febe lo hacía, pero enfatizando en los actos de caridad y hospitalidad. Entonces, el ministerio que se cita "hace referencia a la consagración por parte de la iglesia de los eventos caritativos, realizados por el bien de los cristianos[94]".

También vale enfatizar que existe el aval de otros pensadores influyentes, quienes dan referencia a Febe. Podemos citar a Juan Crisóstomo (347-406) quien reconoce el rango de diacono de Febe, seguramente equiparándolo con el oficio de las diaconisas existente en aquella época. De igual manera, está Teodoreto de Ciro (393-450) quien manifestó, que Febe, es "considerada diacono de la iglesia de Cencreas…Por haber sido patrón de muchos e incluso de mí mismo. Intuyo que lo que él llama patronazgo (prostasia) es hospitalidad (philoxenia) y protección (Kedemonia)[95]. Es evidente el énfasis en Cencreas, que fue uno de los puertos marítimos de Corinto, al oriente del Egeo. Teodoreto insinúa que la importancia de Cencreas tiene que ver con el hecho que la comunidad tiene una mujer diacono. Es cierto que también Teodoreto concibe el patronazgo como la protección que una persona de condición superior ofrece a otro de estatus inferior.

---

[92] Madigan y Osiek. *Mujeres ordenadas en la iglesia primitiva*. 2006.
[93] Vease "*On the Early History Modern revival of Deaconesses, en Church Quarterly.* Pág. 309.
[94] Madigan y Osiek. *Mujeres ordenadas en la iglesia primitiva*. 2006.
[95] Madigan y Osiek. *Mujeres ordenadas en la iglesia primitiva*. 2006.

Entonces, por lo general, donde las mujeres diáconos son conocidas y aceptadas, los textos bíblicos se han interpretado como aval a la praxis que se ejercía en aquella época. Tanto Juan Crisóstomo y Teodoreto aceptan a mujeres diáconos.

Profetisas

En la época de los apóstoles, la actividad de los profetas gozaba de gran prestigio, debido al carácter carismático de los líderes. Es así, que en las comunidades cristianas existían profetisas con una labor esencial en la oración y en la catequesis[96], como es notorio en algunos ejemplos en el contexto del Nuevo Testamento. Pablo en el libro Hechos de los apóstoles dice: "entramos en casa de Felipe el Evangelista, uno de los siete diáconos, que tenía cuatro hijas vírgenes que profetizaban" (21.9); también en la asamblea litúrgica en Corinto, hombres y mujeres oraban y profetizaban (1 Cort. 11.2-16); y en el apocalipsis, Juan manifiesta la denuncia en Tiatira de "Jezabel, esa mujer que se hace pasar por profetiza, y enseña" (Apc. 2.20-24). En ciertos grupos cristianos, las mujeres continuaron compartiendo el don de la profecía junto con los varones durante los siglos I-II[97], tal como lo atestiguan diversos autores, entre ellos están Justino mártir, escritor del siglo II quien hablaba de "hombres y mujeres cristianas que tienen carismas de parte del Espíritu Santo"; Tertuliano (siglo II) manifiesta el derecho de las mujeres a profetizar, prediciendo el futuro y a emitir revelaciones e interpretar lenguas en estado de éxtasis[98]

Pero, las instrucciones dadas por Pablo acerca del silencio de las mujeres y la interpretación literal de los relatos de la creación y la expulsión del paraíso en Edén sirvieron a la iglesia para ofrecer una

[96] Juana Torres. *Mujeres y altares: entre la Roma pagana y la Roma cristiana.* Universidad de Cantabria.
[97] Torres. *Mujeres y altares: entre la Roma pagana y la Roma cristiana.* Pág. 11
[98] Tertuliano, Adv. Marc. V,8

justificación para la prohibición para que las mujeres desempeñaran funciones ministeriales[99]. Es así que comienzan a formarse algunos grupos particulares, como las viudas canónicas, de las vírgenes y de las diaconisas, que son las únicas instituciones femeninas existentes, quienes tenían tareas específicas y a la vez escasas[100].

Es evidente, que los antiguos griegos, judíos y los romanos respectivamente no otorgaron a la viudez la importancia que reservó el cristianismo. Fue así que, el grupo de viudas fue un grupo favorecido siempre por la iglesia como principal beneficiaria de la caridad cristiana, debido a la necesidad en que quedaron algunas mujeres al perder a sus esposos. Manifiesta Torres, que, en el contexto del primer siglo, no era un cargo eclesiástico, sino un estilo de vida, cuyo ideal ascético formaba a través del voto de continencia.

Diaconado

Es muy probable suponer que Febe y otras mujeres diáconos anónimas, pertenecían en el siglo I y quizá en el siglo II, a un oficio que no diferenciaba entre sexos. Por tal razón, la función de Febe en el siglo I, no tenía que ver con la labor de las diaconisas posteriores[101]. A pesar de que no se les concedía títulos. Se desconoce el papel que jugaban las ministrae de la esclava de Plinio, y se cuestiona si el hombre, quizá traducido por Plinio, es equivalente a "diakonoi". Como es evidente, éstos textos del siglo II, podrían evidenciar las labores de las mujeres, las que en el siglo posterior se desarrollarían en el oficio de las diaconisas.

---

[99] Torres. *Mujeres y altares: entre la Roma pagana y la Roma cristiana*. Pág. 24
[100] Torres. *Mujeres y altares: entre la Roma pagana y la Roma cristiana*.
[101] Madigan y Osiek. *Mujeres ordenadas en la iglesia primitiva*. 2006.

Colaboradoras

En el vs. 2, el apóstol cita a Priscila, como "colaboradora" ("synergos")[102]. Con synergos se refiere a las personas que trabajan junto a él "como encargadas por Dios en la "obra" común de la proclamación de la misión". En el grupo de mujeres comprometidas con la predicación hay que incluir a María, Trifena y Trifosa (Rom. 16. 6,12), por ser también designadas con "kopian"[103]: paciente y duro trabajo, que involucra el contexto de la misión. Como es evidente estas mujeres desempeñaron un papel importante en la tarea de la predicación, pero también en el desarrollo de actividades misioneras, no solo lugares locales, sino también en otras ciudades, como fue el ejemplo de Priscila (junto a su marido Aquila), y como se deduce en la lista del libro de Romanos.

Así también existían las funciones en la asamblea comunitaria. Desde 1 Cor. 11. 5 las mujeres también participaban de manera activa en las comunidades como "profetisas" y "orantes". También vale mencionar que las mujeres participaron en el discurso de las lenguas, y en la recitación de los salmos (1 Cort. 14.2,26). También en Corinto participaban en la didaje=enseñanza" de la comunidad cristiana (1 Cort. 14. 26).

Énfasis de palabras en Romanos 16. 1-3, 6- 7, 12

El texto comienza con una recomendación, "recomiendo", primera persona del presente indicativo en voz activa "synhistemi", recomendar, hacer resaltar, presentar, pero aquí recomiendo[104]. adelfen es caso acusativo femenino singular del sustantivo hermana.

Su iglesia era la de Cencreas, el puerto de Corinto a 18 kms de la ciudad, que era clave para el tráfico con el Egeo. No sabemos sobre la

[102] Rom. 16.3; Fp. 4.2; de Evodia
[103] Stegemann. *Historia social del cristianismo primitivo*. 2001
[104] Millos. *Comentario exegético al texto griego del Nuevo Testamento, Romanos*. 2011

fundación de su iglesia, pero quizá fue el resultado del trabajo evangelístico desde Corinto. Según Millos, "también es probable que tenía negocios en Roma y viajaba a la capital, sirviendo a Pablo como mensajera portadora de la carta"[105].

El apóstol la presenta como "diakonon", diaconisa de aquella iglesia. Se discute si es un servicio general o se trata de un oficio correspondiente a los diáconos. Es importante resaltar que también las mujeres entre los diáconos están contempladas en los escritos del apóstol Pablo (1 Tm. 3.11). Existe mucha evidencia bíblica de mujeres en la dedicación del servicio en la iglesia que recibían ayuda económica de la congregación local (1 Tm. 5.9-10). Y no solo fue ella, sino también hubo mas mujeres quienes estaban involucradas colaborando al apóstol Pablo en el establecimiento de iglesias, entre ellas tenemos a Evodia y Síntique que según Pablo "combatieron conmigo en el evangelio juntamente con Clemente y los demás colaboradores" (Filipenses 4.3).

De la misma forma, el verso tres (3) dice: "Saludad a Priscila y Aquila, mis colaboradores en Cristo Jesús". Aquí sonergous es caso acusativo masculino plural del adjetivo "colaboradores". Aunque Pablo no conocía a sus miembros, dentro de la comunidad había varios que Pablo les conocía antes; envía saludos y enlaza a muchos desconocidos con quienes él conocía, en un interés de establecer lazos de comunión. El primer saludo va dirigido a Priscila y Aquila. Es interesante mirar que el nombre de Priscila precede al de su esposo Aquila, lo que hace suponer que ella era capaz en la colaboración que su mismo esposo. El enfoque en este verso, es que Priscila es una mujer consagrada y comprometida con el evangelio, y digna de honra en el cristianismo del primer siglo[106]. Probablemente eran miembros de la iglesia en Roma, pero por el decreto

[105] Millos. *Comentario exegético*, Romanos. 2011
[106] Millos. *Comentario exegético,* Romanos. 2011

del emperador Claudio en el año 49 fueron expulsados. Quizás por su condición económica muy probablemente dieron trabajo al apóstol Pablo, ya que ellos tenían un taller de fabricación de tiendas de campaña, llegaron a ser muy especiales para Pablo y quizás eran líderes de la iglesia en Corinto (Hechos 18.18).

Los versos seis y siete (6, 7) el apóstol saluda a "María enfatizando que ha trabajado mucho entre vosotros". María había trabajado mucho por los cristianos en Roma, o había trabajado mucho entre ellos. Es evidente que había una buena relación de ella con la iglesia. Mujeres de bendición trabajando mucho a favor de la iglesia local. La palabra trabajar en el griego es kopiaw, expresa la idea de un trabajo hecho hasta el cansancio, es decir trabajó mucho hasta el agotamiento en la iglesia. El trabajo de ella no era una actividad de segundo nivel, sino era de mucha responsabilidad en la iglesia local, ¿cómo lo sabemos? Talvez porque María le ha escrito en alguna ocasión a Priscila al respecto. Esta hermana podría haber sido una de las muchas mujeres que colaboraban con el apóstol en su ministerio de una u otra manera[107]. Es probable que el apóstol conocía de María por el reporte de Priscila y Aquila[108]. También en el verso siete, menciona a Andrónico y Junias, quienes posiblemente eran un matrimonio. El nombre Andrónico significa hombre vencedor. Estos dos eran judíos de raza, por esa razón los llama mis parientes, equivale a compatriotas. Entonces, quizás fueron parientes en el sentido de familiares de él. A más de ser compatriotas, tienen la de co-prisioneros, o sea prisioneros juntamente con él. Probablemente por la causa de Cristo quizás estuvieron presos por la circunstancia del ministerio (2 Corintios 11.23). Pablo podría estar usando aquí el término "apóstoles" en su sentido amplio con el significado de

---

[107] Pablo Sanabria L, Máster en Divinidad en la Universidad Cristiana de Abeline, Texas. *Comentario Bíblico de la carta a los Romanos.* Worldwide Spanish Literature Ministry, Wichita Falls, Texas 2018

[108] Millos. *Comentario exegético al texto griego del Nuevo Testamento*, Romanos. 2011

"enviado", "misionero" o "predicador itinerante", como se usa en Hechos 14:4, 14[109].

El verso doce (12) también habla del saludo a Trifena y Trifosa quienes trabajaban en el Señor. En griego es Τρύφαιναν Trúfainan, caso acusativo femenino singular del nombre propio Trifena. Καὶ Kai, conjunción copulativa. Τρυφῶσαν Trufosan, caso acusativo femenino singular del nombre propio Trifosa. Τὰς caso acusativo femenino plural del artículo determinado las κοπιώσας Kopiosas, caso acusativo femenino plural del participio presente en voz activo del verbo κοπιάω kopiáo. ἐν Κυρίῳ en kurio,[110] caso dativo masculino singular del nombre propio, referido a Dios. La similitud de los nombres de las dos primeras, podría indicar que eran hermanas de sangre, incluso, tal vez gemelas. Ambos nombres provienen de una raíz que significa "vivir delicada o lujosamente". Sus nombres podrían traducirse como "Delicada" y "Refinada", respectivamente. Las expresiones "Trabajan" y "ha trabajado mucho" provienen del griego "kopiano", que significa "trabajar arduamente hasta quedar exhausto"[111]. La hermana Delicada y la hermana Refinada, contrario al significado de sus nombres, habían trabajado sin descanso, hasta quedar exhaustas. El uso del tiempo pasado, aplicado a "Pérsida" podría indicar que ya había envejecido y no trabajaba más. Un total de nueve mujeres aparecen en la salutación final de la epístola, lo que da entender la importancia de las mujeres en las primeras comunidades cristianas del primer siglo. Ellas trabajaban intensamente para el Señor a quien habían aceptado como su Salvador, y servían con sus vidas, presentando sus cuerpos en sacrificio vivo y agradable al Señor (Rom. 12.1)

---

[109] Pablo Sanabria L. *Comentario Bíblico a los Romanos.* Wichita Falls, Texas 2018
[110] Millos. *Comentario exegético al texto griego del Nuevo Testamento*, Romanos. 2011
[111] Pablo Sanabria. *Comentario Bíblico de Romanos.* Wichita Falls, Texas 2018

De esta lista de amigos que Pablo incluye aquí (Rom. 16) resulta evidente que el apóstol no era un "llanero solitario" en su labor ministerial, sino que contaba con muchos ayudantes, hombres y mujeres, que le acompañaban, le apoyaban, y lo sostenían a veces. Este es un detalle que no puede pasarse por alto en nuestro enfoque ministerial hoy día. Necesitamos de otros hermanos y hermanas para llevar a cabo el ministerio cristiano. De ésta manera, se puede apreciarse el fundamental protagonismo que jugaban las mujeres en la oikia- eklesia del primer siglo. Pablo menciona a muchas aquí: Priscila, Junia, Trifena, Trifosa, María, Pérsida, etc. Eran obreras de Cristo, servidoras del apóstol y de las iglesias en muchas maneras. Eran mujeres con una amplia participación en el establecimiento y desarrollo de las iglesias[112]. Es fundamental que los líderes de nuestro tiempo -sobre todo, en nuestro contexto latinoamericano- entiendan esto a fin de dar a las mujeres de nuestras comunidades el respeto debido y la libertad necesaria para practicar los variados dones espirituales que Dios les ha otorgado.

Contextualización de la mujer en Romanos

Es sorprendente que en la carta a los romanos aparece reiteradamente el protagonismo de la mujer, arrojando luz acerca del carácter de la misma en una cultura donde la mujer no tenía posicionamiento. Romanos nos permite observar cuántas veces tuvo la mujer un posicionamiento en la comunidad del primer siglo. Un primer factor que se imprime es el protagonismo en el diaconado. Se menciona que Febe, era diaconisa, o sierva de la iglesia en Cencrea. De ahí se les dice: "que la recibáis en el Señor, como es digno de los santos, y que la ayudéis en cualquier cosa en que necesite de vosotros; porque ella ha ayudado a muchos y a mí mismo". Febe es considerada un benefactor del apóstol Pablo y de muchos. Esto

---

[112] Pablo Sanabria. *Comentario Bíblico de Romanos.* Wichita Falls, Texas 2018

relacionado con la estructura de patronazgo como alguien de mucha injerencia en la oikía ekklesia en aquella época.

De la misma manera, descubrimos que el apóstol cita a Priscila, junto a Evodia y Síntique como "colaboradoras". Es decir, el énfasis está en que ellas trabajaban junto al apóstol, como "encargadas" por Dios en la obra de la proclamación de la misión.

Es enriquecedor la cantidad de personajes que aparece en romanos, junto al grupo de mujeres comprometidas con la predicación. Se menciona a María, Trifena y Trifosa, y son designadas como mujeres pacientes, de duro trabajo en el contexto de la misión. Se hace énfasis en el "trabajo" hasta el cansancio. Para ellas era de mucha responsabilidad, que les llevó hasta el agotamiento en la iglesia. Así como también, en el desarrollo de actividades misioneras, no solo en lugares locales, sino en otras ciudades, como es el ejemplo de Priscila que junto a su esposo Aquila hicieron un buen trabajo.

En Romanos aparece, un total de nueve mujeres, lo que da entender la importancia de las mujeres en las primeras comunidades del primer siglo. Ellas entendieron el compromiso de haber aceptado al Señor como su Salvador, y servían con sus vidas, presentando sus cuerpos en sacrificio vivo y agradable al Señor (12.1).

CONCLUSIONES

Como se ha mencionado en el presente artículo desde la perspectiva histórica bíblico, la mujer no hubiera sido jamás posicionada por la polis, fue posicionada por la oikia eklesia; donde existía una entrega, devoción de éstos, juntos quienes hacían las iglesias en casa.

El acceso de las mujeres a los recursos o espacios políticos, económicos y sociales en lo público estaban limitados para las mujeres y no para los hombres. Según lo analizado aquí, respecto a la educación de las mujeres, en el contexto gentil del primer siglo a la mujer se le alababa por ser instruida en la literatura, música y geometría. Tenía la oportunidad de escuchar discursos filosóficos, sin mencionar sus puntos de vista en público. También las mujeres educadas fueron criticadas, dejando mencionar que expresaran sus perspectivas en público.

Por otra parte, existía presencia abundante de mujeres en las comunidades cristianas en el primer siglo. Entre ellas se encuentra la madre y abuela de Timoteo (2 Tm. 1.5). También están las mujeres temerosas de Tesalónica y Berea (Hechos 17.4,12). De igual forma, las mujeres en la participación de la vida comunitaria de la ekklesia, se bautizaban mujeres y hombres (Hch. 18.12), juntos o separados o en casas enteras. Es decir, que el bautismo se empleaba el mismo rito para ambos sexos.

El papel de las mujeres como servidoras en el contexto de la eklesia, fue un elemento esencial para la expansión del cristianismo en el primer siglo, pues en éstas encontró el espacio vital, para un posicionamiento protagónico en la comunidad cristiana, pues eran sujetos activos para su consolidación y crecimiento.

Por lo tanto, la equiparación carismática de los sexos se traducía como una integración y participación. Está el caso de Junia (Rom. 16.7) la que la convierte en enviada legítima del Cristo resucitado. Así que, ésta mujer pertenecía al primer grupo de misioneros y misioneras itinerantes, incluso antes que el mismo Pablo ya era una mujer involucrada en el ministerio de la iglesia.

También las mujeres participaban de manera activa en las asambleas comunitarias como profetisas y orantes. Ya participaban en los discursos en lenguas, en su traducción y en los cantos de los salmos (1 Cort. 14.2,26). En los textos bíblicos se evidencia la presencia de mujeres ricas convirtiéndose al cristianismo (Hch. 17.4,12) donde hace hincapié en mujer de un estrato superior. Es decir, que ejercían funciones en puestos políticos administrativos.

De la misma forma, en el primer siglo las casas privadas jugaron un papel fundamental donde las comunidades se reunían y se animaban en la tarea misionera. Tanto hombres como mujeres cristianas se reunían en las iglesias domésticas. Esto debido a que la casa constituía unidad socioeconómica central en la sociedad del primer siglo. Allí, en las casas, se enunciaba las relaciones de amistad, las interacciones sociales y económicas. Todo esto contribuyó al desarrollo del cristianismo, como un factor de identidad de los miembros de la ekklesia.

La comunión en la vida de la oikia ekklesia fue considerada esencial. Es decir, la koinomía, era para hombres y mujeres. No había exclusivismo, sino eran inclusivos. Vistos de manera horizontal, siendo un solo cuerpo la iglesia. Romanos 16, muestra evidencia del posicionamiento de la mujer, al mencionar. Febe, ministra de Cencrea, como diaconisa. También indican a Priscila, junto a otras mujeres colaboradoras, eso indica que la mujer si se posicionaba como líder de una iglesia doméstica. La presencia de la mujer es visible en el diaconado, servicio, como trabajadores arduos listos a testificar al mundo que Jesucristo es su Señor y Salvador.

Es necesario y fundamental que nuestras comunidades, y los líderes de nuestro tiempo -sobre todo, en nuestro contexto latinoamericano- entiendan esto a fin de permitir a las mujeres en las comunidades cristianas el respeto debido y la libertad necesaria para practicar los variados dones espirituales que Dios les ha otorgado a nuestras hermanas, evidentemente en el debido orden que es requerido en la iglesia del Señor.

También, la contribución a la comprensión del rol de los enviados, sin distinción alguna en la propagación del mensaje salvífico en las naciones. De la misma manera, contribución a lo pastoral en el reconocimiento y valoración de la pluralidad de un llamado al servicio de parte de Dios.

Cabe interrogarnos, ¿estamos contemplando el dato histórico bíblico del contexto de romanos?, ¿la iglesia está colaborando en el posicionamiento de la mujer?, ¿qué haremos ante tal evidencia? Esperamos haber colaborado con el presente trabajo ante tal posicionamiento.

CONTENIDO

Printed by Books on Demand GmbH, Norderstedt / Germany